U0603155

八股文

◎ 主编 金开诚

◎ 编著 李井慧

吉林出版集团有限责任公司

吉林文史出版社

图书在版编目（CIP）数据

八股文 / 李井慧编著 . 一长春：吉林出版集团有
限责任公司：吉林文史出版社，2010.11（2022.1 重印）

ISBN 978-7-5463-4114-9

Ⅰ.①八… Ⅱ.①李… Ⅲ.①八股文－简介 Ⅳ.
① H152

中国版本图书馆 CIP 数据核字（2010）第 222255 号

八股文

BA GU WEN

主编/ 金开诚 编著/李井慧

项目负责/崔博华 责任编辑/崔博华 高原媛

责任校对/高原媛 装帧设计/马锦天

出版发行/吉林文史出版社 吉林出版集团有限责任公司

地址/长春市人民大街4646号 邮编/130021

电话/0431-86037503 传真/0431-86037589

印刷 / 三河市金兆印刷装订有限公司

版次/2010 年 11 月第 1 版 2022 年 1 月第 5 次印刷

开本/650mm×960mm 1/16

印张/9 字数/30千

书号/ISBN 978-7-5463-4114-9

定价/34.80元

关于《中国文化知识读本》

文化是一种社会现象，是人类物质文明和精神文明有机融合的产物；同时又是一种历史现象，是社会的历史沉积。当今世界，随着经济全球化进程的加快，人们也越来越重视本民族的文化。我们只有加强对本民族文化的继承和创新，才能更好地弘扬民族精神，增强民族凝聚力。历史经验告诉我们，任何一个民族要想屹立于世界民族之林，必须具有自尊、自信、自强的民族意识。文化是维系一个民族生存和发展的强大动力。一个民族的存在依赖文化，文化的解体就是一个民族的消亡。

随着我国综合国力的日益强大，广大民众对重塑民族自尊心和自豪感的愿望日益迫切。作为民族大家庭中的一员，将源远流长、博大精深的中国文化继承并传播给广大群众，特别是青年一代，是我们出版人义不容辞的责任。

《中国文化知识读本》是由吉林出版集团有限责任公司和吉林文史出版社组织国内知名专家学者编写的一套旨在传播中华五千年优秀传统文化，提高全民文化修养的大型知识读本。该书在深入挖掘和整理中华优秀传统文化成果的同时，结合社会发展，注入了时代精神。书中优美生动的文字、简明通俗的语言、图文并茂的形式，把中国文化中的物态文化、制度文化、行为文化、精神文化等知识要点全面展示给读者。点点滴滴的文化知识仿佛繁星，组成了灿烂辉煌的中国文化的天穹。

希望本书能为弘扬中华五千年优秀传统文化、增强各民族团结、构建社会主义和谐社会尽一份绵薄之力，也坚信我们的中华民族一定能够早日实现伟大复兴！

目录

一、八股文简介

八股文是明清时期用于科举考试的一种特殊的文章样式，历经明清两代，延续了五百多年。八股文一直被作为统治者束缚文人思想、维护封建统治的工具，严重地阻碍了历史的发展，所以后代人对它深恶痛绝。随着1905年清政府宣布废除科举考试制度，八股文也退出了历史舞台。

(一) 什么是八股文

一说到八股文，总会让人想到"迂腐落后""陈词滥调"这些贬义词，它也成为封建文化的象征之一。科举考试制度对八股文的形式、内容、字数都有严格的规定。八股文的基本形式通常由破题、承题、起讲、入题、起股、中股、后股、束股等部分组成，其中起股、中股、后股、束股又要用排比、对偶而相对成文的两

股文字组成，全篇文章中有起二股、中二股、后二股、束二股，共八股，所以叫八股文。八股文还有各种异称，由于八股文每两股都要相衬对比，所以每两股叫做"一比"，有人觉得"股"字不雅，所以把八股文也叫做"八比文"。因为八股文的题目和内容主要出自"四

书"，所以又称为"四书文"。此外，时文、制义、制艺、经义等也都是八股文的异称。

八股文在内容上也有严格甚至是苛刻的规定。作者在写八股文时，要"代圣贤立言"，不能自由地发表自己的观点和见解。文章的内容要体现儒家的思想，要用儒家的思想解释四书中的"义理"。文章中对四书的理解也有一定的标准，就是要以朱熹的《四书章句集注》为标准，不能超出这个范围，否则就违背了要求，没有文人自由发挥的余地。因为八股文是要"代圣贤立言"，所以行文要"入口气"，就是要模仿古人的口吻，站在圣人的立场上"设身处地"地想，替圣人把题目的话加以阐发、解释，说出一些圣人没

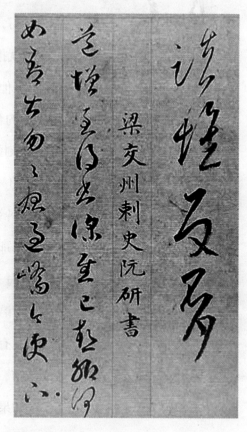

有说过的话。就像演戏一样，虽然圣贤没有说过那些话，但是考生一定要让圣贤站在舞台上现身说法。这可不是一件容易的事，只有满脑子都是圣贤形象、儒家正统思想，同时具有充分的想象能力和艺术修养，才能模仿得出来。据说，明代著名戏剧家汤显祖对八股文的模仿口气作得很好，有一个士子作不好八股文，他的老师就把汤显祖的《牡丹亭》剧本给他看，后来他的八股文水平大大提高了。因为戏剧的台词都是天才艺术的结晶，能深刻地刻画人物的性格，这和作八股文的模仿口气是一个道理。

在科举考试中，即使中试了，还有一关要过，那就是"磨勘"。"磨勘官"要仔细检查每一篇八股文章，看字的笔画是否正确，语法是否通顺，文章用的典故是否有误，有没有避皇帝的名讳，有没有避"丘、轲、熹"等字，最后还要看是否入口气。如果出现上述的错误情况，就叫做

"磨勘"，出现"磨勘"的文章，一定会被淘汰，足见八股文考试的苛刻。

八股文在字数上也有严格的要求，明朝初年的科举考试也可以从五经中出题，称为五经文，不限定在四书内出题。

五经文比四书文长一些，以五百字为满篇，四书文以三百字为满篇。以后八股文的字数逐渐增多，清顺治时期四书文要写满四百五十字，康熙时增加到六百

字，乾隆以后增加到七百字。

八股文在内容、形式、字数等方面的限制都是法定的程式，在科举考试中，考官和应试者都必须严格遵守，人们把这种规定叫做"功令"。"功"指"课功"，"令"指"法令"，功令就是考核学子的

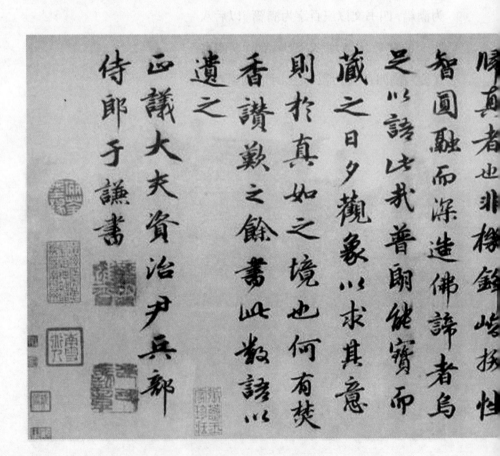

法规，是朝廷选拔人才进行考核的常用术语。由于八股文的这些规矩是官府规定的，所以写作时绝对不能违背，一旦违背，科举考试就会失败。

八股文不是明清时期唯一的考试内容，但却是最主要的考试内容。例如童生

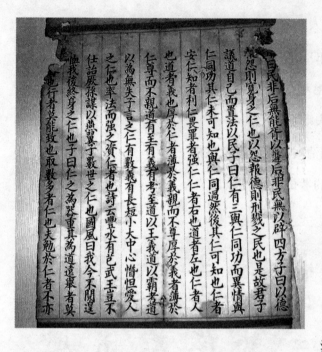

（还没有考中秀才的人）考试，县试要考三到五场，一共要写四五篇以上的八股文章。乡试、会试通常要写三篇，所以明清时期的科举考试多被称为"八股取士"。八股文是明清文人获得功名的一种途径，除了用于应对科举考试以外，没有任何其他用处。文人们一旦用它成功地获得功名后，从此就再也不会去学习它。这种八股取士制度在明清两代推行了五百多年，在这段漫长的岁月中，无数的文人夜以继日地学写八股文，消磨了美好的青春时光，而且严重地束缚了他们的思想，在中国文化发展史上，八股文的消极作用是显而易见的。

(二) 八股文的结构及其作法

八股文的内容和形式都是僵化的，就文章的形式而言，文章的结构和各部分的作法也都有一定的规范和要求，写作者只能按照固定的结构填充内容。八股文的结构，通常由题前和正题两部分组成。题前部分的内容主要是解释题义，说明题目本身所包含的思想内容，并由此引出自己的见解，这一部分主要包括破题、承题、起讲。正题部分通常要有起二股、中二股、后二股、束二股，作成八股，这是全文的核心部分，正题部分要求根据题意阐发儒家的有关思想，即"代圣贤立言"，同时还要写作者表达自己的认识。八股之后还要有结束语，要总括、照应全文。除此之外，八股文中还有入题、出题、过接等名目。

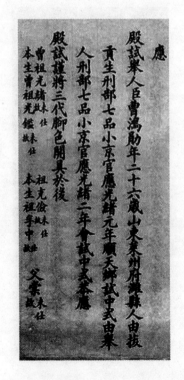

1.破题

"破"是解开、分析的意思，文章开

篇先点破文题,说明题意,这就叫"破题"。八股文破题的文字规定只用两句,这两句说明题意时,必须与朱熹的《四书章句集注》的注释相一致,不允许随意解释,也不能直说题义。破题的文字可以对偶,也可散行。破题最后一字,清代科举考试中要求要用一个单音节虚词,如焉、也、矣等。同时,破题不准直呼圣贤的名姓,如果直呼姓名就是对圣贤的不敬,比如提到孔子、孟子、周公等人时,要用"圣""圣人",遇到孔子的弟子颜回、曾子等时,要称"贤者"。

要作好破题,一定要既透彻又概括,长而复杂的题目,要用简单的两句话把它点明,一两个字的题目,则要用多一点字数的两句话把它说透。破题破得好,首先要学会"认题",就是理解题意,在落笔之前,先要认真思考,在理解题意上多下工夫,否则不容易抓住要领。常见的破题方法有明破、暗破、顺破、倒破、正破、反

浯仇五年岁在甲午
昚王正月番师旦奉
圣旨摹勒上石

塔帖终

破等。清代人梁章钜的《制艺丛话》中有这样一个故事：明代有个叫赵时春的人，年少时就聪明过人，9岁时参加童子试，八股文作得很好，考官怀疑他是找别人代作的，当场以"子曰"为题让他破题。赵时春马上破道："匹夫而为百世师，一言而为天下法。"接着考官又用他的名字"赵时春"三个字让他破题，赵时春又立刻回答道："姓冠百家之首，名居四序之

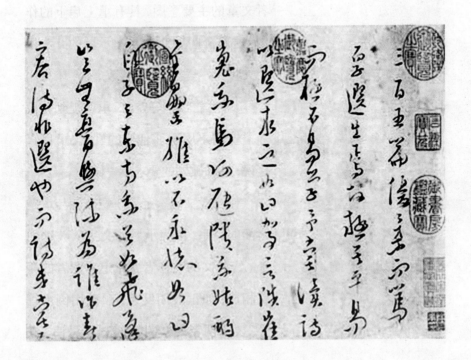

先。"赵时春的两个破题十分巧妙，前者借用了苏轼《韩文公庙碑》中的两句话，句中暗含"子曰"的意思，后者用"姓冠百家之首"暗指"赵"字，用"名居四序之先"暗指"时春"两个字，这里用的都是"暗破"，这个故事被后人传为美谈。

2.承题 起讲 入题

在破题后，一般用三四句话进一步说明题义，并根据所破题义指明作者文章的主要意图，具有承上启下的作用，这部分叫做"承题"。承题的开头用"夫""而""盖"等单音节虚词，末尾用"耳""焉""矣"等虚词。承题提到孔孟等圣贤时不用避讳他们的姓名，可以直接说，这和破题的要求不一样。

作八股文时一定要注意破题与承题之间的关系，因为承题的文字从破题而来。八股文的写作者常常追求两者的相反相成，如正破用反承，顺破用倒承等等，要求两者如"双龙抱珠"，忌讳"破

自破，承自承"，所以，以前论说八股文的作法时，经常以"破承"为名，一起论述。

破题、承题之后是起讲，也叫"小讲"，主要内容仍然是引申、讲明题义，或者说明题目内容的背景等等。起讲开头多用"且夫""尝谓""若曰"等双音节词，也可以用"且""而"等单音字。明代八股文的起讲一般为三五句，清代为十句左右，根据内容可以增缩。起讲时要开始"入口气"，即用古代人的语气行文，这是起讲的文字与破题、承题的明显区别，起讲可以用排偶，也可以用散行。

以上三部分都是在说明、解释题意，不要求作者发挥，文章还没有进入"正题"，所以是题前部分。以上三部分作完之后，还要有一两句或三四句把文章引入

正题的过渡的话，这叫"入题"，也叫"入手""领题""落题""领上"。入题的作法一般是题目有上文的，要领上文入正题；题目有下文的，要照应下文；也有领上文兼照应下文的，入题时要点明本题所论内容的界限。

3.分股

以上几个部分作完后，文章就进入正题了。八股文正题要根据题意加以具体发挥，阐述作者对题意的理解和认识，表现作者的看法，要用古人口吻阐发儒家思想，"代圣贤立言"主要体现在这一部分。这部分共有"起二股""中二股""后二股""束二股"八股，要求用对偶的文字。"起二股"后有"出题"，"中二股"与"后二股"中间可以有"过接"，这两个部分可以用散句。

起二股也叫"初股""初比""提比"，每股四五句至八九句。

私縱使金錢堆北斗難

饒風雨葬西施医床自

拂眠清畫一縷煙茶颭

鬢絲

起二股内容以总论、虚说为主，不宜写得太实，要点出题意而又不把题意说尽，并要为后文留下余地，文字宜短不宜长。提比之后通常要用一两句或三五句散句点出题目，叫"出题"或"点题"，有的在入题部分已经点题，此处即不再用出题。出题与入题不同，入题重点在从题意上把文章引入正题，出题是从文字上把题目点出来。

中二股与后二股是阐发题意的主要部分。中二股前面如有点题，那么应紧接题目从正面加以发挥。中股要回答文题中提出的问题，要把题目中的问题阐发清楚。写作时要注意中二股和后二股之间的关系，写中股要为后股留有余地，如果文题是"两扇题"，中股可以在上半题上下工夫，后股在下半题中多用笔墨。中股文字可长可短，短的每股四五句，长的可以十几句。

后二股从中二股承接而来，中二股

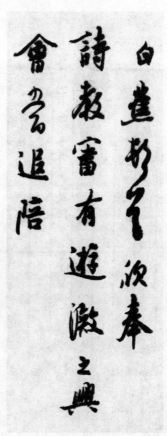

没有说到或说得不够的时候，后二股要说全、说尽，可以尽力发挥，通过联想等手法拓宽题意，使题意显得更加丰富，也可以就前边的议论加以咏叹、发表感想。后二股是写作者最卖力写作的部分，通常每股十来句到二十几句，如果中二股字数较多，后二股也可以缩短，由于字数较多，又叫做"后二大股"。后二股开头常用虚词，如果文章是进一步发挥的，常用"且""况""或谓"等；如果是承前说明原因的，常用"盖""惟""若此"等字。

如果前六股还没有说尽文义，那么可以用束二股收尾，或者总括全篇。束二股在八股文结构中不是必需的，如果前六股已经把题意说尽，束二股则可以省略。束二股通常较短，一般每股二三句或三四句，所以又称为"束二小股"或"二小股"。

4.结语

八股文的结尾处一般有一两句收束

全文的话, 叫做结语, 也叫收结、落下。多用散句, 不用排偶。

八股文各部分之间要有内在联系, 全篇文章的逻辑关系要清晰, 要讲究"起承转合"。所谓"起承转合", 即破题是解释题意的, 这是八股文章的"起"; 承题、起讲进一步阐发题意, 从而引出"入题"的文字, "承题""起讲""入题"是八股文的"承"; 八股文阐发作者的认识, 用排比、对偶, 是八股文的"转"; 文章结尾的结语是八股文的"合"与"收"。

八股文的结构吸收了古代诗文的结构, 依据这种结构写文章, 条理比较清楚, 但过于程式化, 束缚了文人的思想。文章写作有法而无定法, 八股文之所以没有生命力, 原因之一就是它违背了"文无定法"的法则。

大江东去浪淘尽千古风流人物故垒西边人道是三国周郎赤壁乱石穿空

二、八股文的发展演变

（一）八股文体的源流

八股文的文体形式是在五百多年的历史发展中逐渐形成的，明清时代的统治者，为了能在思想上控制知识分子，不断地充实和完善八股取士制度，以达到通过这种文体钳制文人思想的目的。在八股文的发展过程中，其形式明显受到唐代试律诗和宋代经义的影响。

关于八股文体的源流，有人认为最早可追溯到唐朝的"括帖"。这里所说的"括帖"，就是概括地写出某一部经书的注解。唐代的科举考试主要考明经、策论和诗赋，四书五经都是考生必读的内容。考试时，会从中出一些问题，要求考生写出注疏。唐代时把手写的纸幅叫做"帖"，"括帖"便由此而来，有时候也叫"帖经"。意思就是手写经书注疏的帖子，或者用帖子写经书注疏。我们不难看到，这种"括帖"只是和八股文的内容有关系，"帖经"本身不是整篇的文章，所以"括帖"并不是八股文体形式的源流。

八股文体形式的真正源流，应该是唐代的试律诗和宋代的经义。八股文形式中的破题、承题，在唐代的试律诗中都能找到痕迹，在宋代的经义中更是常见。

唐代的试律诗，一般都是十二句，六联。第一、二句叫首联，为全诗点题，又称为破题。破题的方法也很多，有明破、暗破、顺破、倒破等等，这为后来八股文体中的破题提供了借鉴。第三、四句叫颔联，首联破题只是简明扼要地说明题意，而颔联则是要对题意做进一步的阐发。第五、六句叫颈联，它上承颔联、下启腹联，起承上启下的作用，开始慢慢地对题意进行阐发。第七、八句为腹联，这是阐发全诗题意的主要部分，相当于八股文中的股。第九、十句为后联，继续补充说明题意，如果题意在腹联中没有说尽，就在此联中做补充。如果已经说尽了，就引经据典进行论证或者发表议论。最后两句称做尾联，为全诗收尾。

所以，唐代的试律诗中早已形成了八股文的格式。清代著名学者毛奇龄曾经说："唐制试士,改汉魏散诗而限以比语,有破题,有承题,有额比,有颈比,有腹比,有后比,而后结以收之。六韵之首尾,即起、结也,其中四韵即八比也。然则试文之八比视此矣。"明清的很多学者也认为,唐代试律诗的额联就是额比,颈联就是颈比,腹联就是腹比,后联就是后比,尾联就是大结,因为每联两两相对,对就是比。唐代的试律诗已有八比,即八股的格式,这对后来八股文文体格式的形成产生了很大的影响。

宋代王安石变法时,取消了从唐代沿袭下来的以诗赋、帖经取士的方法,推行"经义取士",就是以经言命题,学子考试从四书五经中任选一门,用论述性的文章来阐

发儒家经典的微言大义，以所作文章的好坏来决定考生的命运。这已经不同于唐代时专重记忆注疏原文，考试概括来写答案的"帖经"，而是在对经文意义的理解上写评述性的文章，因而称为"经义"。破题、承题的格式在经义中十分常见，这明显受到了唐代试律诗的影响。经义的正文部分，用的是散行的文字，这和必须用对偶，且分为八股的八股文不同。但是这些格式在宋代的经义中也已经普遍出现了，只是没有像八股文那样正式成为强制性的要求而已。

元代的科举考试，仍然用"经义"。此时明确规定了出题的范围，严格限制在《论语》《大学》《中庸》《孟子》四本书中，内容与八股文已经基本相同，可以看作是八股文的雏形了。所以有的人认为，在元代延祐年间，即14世纪初就出现了最早的八股文。但是此时写文章还只是仿照宋代的经义，出题范围限制在四书

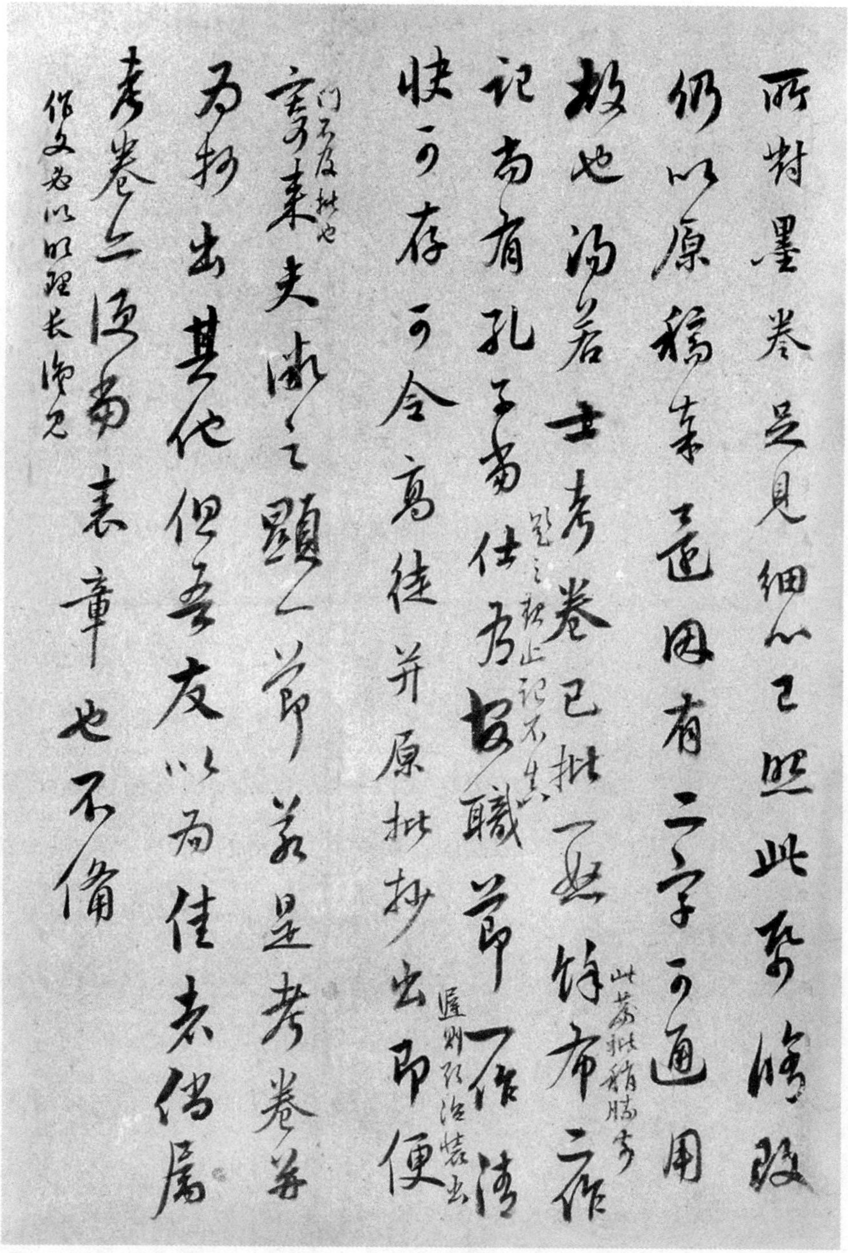

所對墨卷足見細心已照此番修改
仍以原稿案卷通因有二字可通用
故也湯若士考卷已批一處飾布二作
此篇批稍勝考
記而有孔子而佳者安識節作清
題之批止記不真
快可存可令高徒并原批抄出即便
遲則恐治裝出
實來夫敝之題之節義是考卷華
門不及批也
為抄出其他但要友以為佳者借屬
考卷之後而表章也不備
作文為以明理長沙見

中而已，对于八股文中对偶排比形式的要求，还没有完成。

大部分学者认为，八股文格律形式的形成是在明代成化年间，也就是15世纪中期。明洪武三年（1370年），下令科举考试时缩写文章仿照宋代的经义。后来，写这种文章要求格律，而且越来越严格，到成化年间八股文的格律形式就形成了。顾炎武在他的《日知录》中写道："经义之文，流俗谓之八股，盖始于成化以后，股者对偶之名也。"顾炎武也把格律严密、组织严密的正式八股文的出现，确定在成化年间，也就是说此时国家在考试中正式确定了文章的格式。

在明代成化以前，考试中也有类似于八股文形式的文章出现，但是并没有正式规定。考试中都是写经义内容的文章，可以写整齐对仗的文章，也可以写散体的文章，只要文章论述得好，观点好就行，不会因为格式上的问题而影响考试

的成绩。而在成化年间以后，考试中就严格规定了要按照格式来写文章，要按照题目，以固定的字数、段落、严格对仗的格式来写。这样考官在评阅考生试卷时，先看的是格式，然后再看内容，如果格式不对，内容写得再好，也是不符合要求的，在考试中也就没有希望了。因而才形成了固定格式的八股文，也就是专为考试而制定的一种有固定格式的文体。

虽然八股文中对偶格式的正式形成确立是在明代成化年间，但是其源流却可以追溯到先秦时期，比如四书五经中就早已有了大量的排比对偶句，宋代的经义中也是屡见不鲜，由此可见，宋代经义与八股文在形式和内容上存在继承关系。

清代沿袭了明代

的政治制度和经济制度，包括科举考试制度，八股文作为科举考试的文章样式也被保留了下来。八股文在清代延续了两百多年，在这期间出现了几次关于八股文存废的争议，随着清末科举制度的废除，八股文这种特殊的文体也在历史舞台上消亡了。

关于八股文的源流，一直有很多种不同的说法，莫衷一是。一些人认为在朱元璋洪武后期八股文就已经形成了，创制者是朱元璋和当时的学者刘基，而不是在成化年间。还有的人认为，八股文文体格式的形成是受到了其他文体格式的影响。如清代著名学者焦循就认为八股文的入口气、代圣人立言，来源于金代和元代的戏曲；破题和开讲相当于曲中的引子；提比、中比，类似于曲中的套数；而八股文中时而夹入的领题、出题各部分, 则等于曲中的宾白。还有人提出, 八股文体的形式是在唐代近体诗的格律、唐宋古文的章法以及骈文的排偶杂糅的基础上创制而成的。当然, 这些说法也都有一定的道理, 综合以上我们可以看出, 关于八股文的源流问题, 至少有一点是可以肯定的, 八股文在内容和形式上都明显地受到宋代经义的影响。

(二) 明朝的八股文

把八股文作为科举考试的主要内容, 开始于明代初期。1368年明太祖朱元璋开国称帝以后, 面对着当时饱经战乱、百废待兴的江山, 采取了一系列巩固国家政权的措施, 如颁布大明律、加强中央集权等等, 恢复科举考试也是其中的措施

之一。

洪武三年，朱元璋颁发诏书，他在诏书中对宋、元两代以经义取士的选官制度进行了批判和借鉴，他提出要通过科举制度选取"经明行修"的人才，并规定"非科举者，毋得与官"，同时，朱元璋把"明经"作为科举考试的主要内容，把科举考试作为唯一的选官制度。

朱元璋是一个平民皇帝，最让他担心的问题是如何加强对知识分子思想的控制，因此，在科举考试中考什么内容、以什么形式考也是很重要的问题。他在借鉴历代经验的基础上，创制了八股取士制度，主要把写作八股文的好坏作为选拔人才的标准，将对士人的思想控制和官员的选拔有机地结合起来。目的是培育和选拔具有儒家正统思想的治国人才，以巩固中央集权的国家统治。

但是我们前面已经说过，一般认为，这个时候的所谓"八股文"，还没有成

为定式，八股文成为定式、八股文名称的产生是在明成化年间及明宪宗在位期间。明初科举考试中所作的文章还不是真正意义上的八股文，主要还是借鉴宋代的经义，《明史》中称之为"略仿宋经义"。科举考试中的经义文章没有要求八股格式，但是要求入口气，当时的文章中也已经有很多人用对偶等手法，这自然为后来八股文程式的形成奠定了基础。所以前面说的朱元璋创立八股取士的制度也是合理的。

明初八股取士制度的确立，成为明代思想文化大一统的一个标志，也成为文人通往仕途的主要途径。于是无数文人把自己的精力放在学作八股文、写作八股文上，有的人甚至为获得功名花费了毕生的精力。儒家思想、孔孟之道深入到了文人的骨髓，虽然锻炼了他们的思维能力，但同时也严重束缚了文人的思想，扼杀了创造力，明代统治者达到了控制文人思想的目的。八股文在明代发展的几百年里也经历了一个由发展到繁荣，再到衰落的过程。

清代桐城派散文创始人方苞，散文写得很好，八股文造诣也很深。他在《钦定四书文》的《凡例》中把明代八股文的发展分为四个时期，得到了大多数学者的认可。第一个时期是洪武到成化、弘治期间，这是八股文的初创和成熟期；正德、嘉靖为第二个时期，是八股文发展的繁荣期；第三个时期为隆庆、万历年间，是八股文的变革期；天启、崇祯为第四个时期，也是八股文的衰落期。

明代的八股文，从明初洪武到成化年间，是由始而兴的时期。朱元璋在总结历代兴衰的

基础上，得出"致治之道在于任贤"的结论，他既想选拔人才，又想控制人才的思想。宋、元的经义，还没有完全规定考生应该说什么，而朱元璋却希望能够自己规定考生说什么，于是他最终创立了八股取士的制度。

明初的八股文规定主要从四书五经中出题，并且要根据程、朱的注释来阐发题意，那些参加考试的考生一定要把四书五经熟记于心，才能在考场上游刃有余。这样，儒家传统的道德观、价值观便在文人心中根深蒂固，非常有利于封建统治者维护统治。明初的八股文规定，还必须"代古人语气为之"，也就是代圣人立言，这也是促使文人深入研读儒家经典的一个非常有效的手段。文人学者要想做到代圣人立言，就必须站在古人当时的立场上，揣摩他们的所思、所想，在经典上所费的精力也就可想而知了。此时的八股文在格式上已经大量使用对偶

句，这主要是由宋代经义沿袭而来。

由于明朝初年的八股文处于初创时期，所以初具体式，文体格式比较简单，说理直截了当，文风比较质朴。明初的八股文讲究取神、取骨、取理、取气，把字、句放在最后。

明代初期的八股文对明代的政治和文化都产生了深刻的影响。文人只有通过八股取士才能获得功名利禄，这就促进了儒家思想的传播，使程朱理学渗透到社会生活的各个方面，钳制人们的思想，巩固了明王朝的统治；明初的八股文还为国家选拔了成千上万的具有儒家正统思想的人才，从而保证了国家机器的正常运转，使刚刚建立的明王朝稳定了下来。八股文也使明初的文坛死气沉沉，形式刻板僵硬，缺乏新鲜的气息。

明代的八股文从创制到永乐年间，已经基本定型。到成化年间，已经完全成熟。这种成熟首先表现在八股文体已经

完全，达到了内容与形式的高度统一，破题、承题、起讲和八股部分的内在关系已经完全顺畅。

　　这个时期的八股文名家有于谦、唐寅、王守仁等。唐寅字伯虎，是明代著名

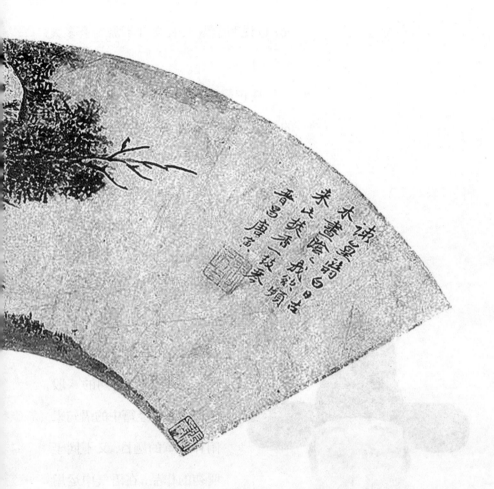

的画家、书法家，唐寅为人放荡不羁，风流倜傥。他为秀才时，对八股文不屑一顾，当时的人都嘲笑他。他说："若闭户经年；取解首如运掌耳。"后来，果然中榜。这一方面说明唐寅才华出众，另一方面，也说明学做八股文并不需要有多大的学问。

从正德至嘉靖年间，是明朝八股文的繁荣时期。此时的八股文，无论是写作理念还是写作技巧，都达到了明代的最高水平。正德、嘉靖时期的八股文，讲究"开合首尾，经纬错综"，既讲求文法，又不拘泥于文法，气势宏大。此时的八股文尤其讲究认题、尊题、肖题，所以不仅能阐发圣贤的意思，而且能发圣贤所未发。同时，这一时期的八股文仍然采用经籍中的语句来阐释文章的题目，又不同于明初的作品，在语气中运用训诂之理，其中的义理如同己出，由此可见明代文人对儒家经典研究的透彻和领悟的深刻。

正德、嘉靖年间的八股

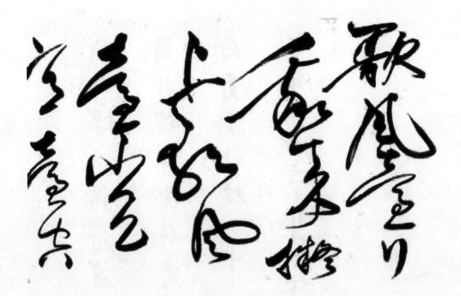

文还特别注重结构的严谨。文章脉络清晰，严谨有序，逻辑性强，在明代的八股文中独树一帜。这一期间，八股文大家辈出，且形成了不同的流派。其中唐顺之、归有光等大师的出现，是正德、嘉靖年间八股文进入繁荣的标志。

明代的八股文发展到隆庆、万历年间，受当时社会环境的影响，处于一个变革的时期。由于商品经济不断发展，经济繁荣；对八股文产生了很大的影响，使其呈现出与以往时期不同的特征。

爾非儒談諧博有餘爾非俠肝腸一何熱

爾非僧瀟灑絕塵情爾非藝手口供靈異

繪爾容外樸而中通圖爾貌氣和而骨傲

匪爾心城市即山林誰知爾里人馮仲子

馮夢龍

　　隆庆、万历时期的八股文讲究遣词造句，追求语言的华美和出奇，形成了"去朴从艳，好新慕异"的风气。同时，这一时期，佛经、道家言论、市井俚语都可入文。八股文还与当时的古文融合，内容大为拓展，越来越与古文所表达的内容相近，文体格式也有突破，与古文接近。这一时期既是八股文的变革时期，又是明代八股文由盛而衰的转折期。这一期间比较著名的八股文名家有顾宪成、冯梦龙等。

　　天启、崇祯时期为八股文的衰落期。此时的八股文普遍不尊重经文和传注，远离现实，放言空谈。八股文的形式被全面突破，这一切都表明当时的八股文已经是江河日下，越来越衰败了。

顾宪成
(1550-1612)

（三）清朝的八股文

清军入关建立政权以后，为了应付人民的反抗，对人民思想的控制与明朝相比有增无减。为了加强思想控制，也采取了一系列措施。一是大兴文字狱，对怀有叛逆之心的知识分子进行残酷的镇压。清代文字狱的残酷已经到了骇人听闻的

程度，制造了许多文字狱冤案，其中就包括科举考试中八股文的冤案。比如当时的内阁学士兼礼部侍郎查嗣庭任江西科举考试的主考，他在乡试中以"君子不以言举人，不以人废言"为题。而此时朝廷正在推行保举制度，雍正皇帝认为查嗣庭是有意在讽刺保举制度，就把他关进了监狱。查嗣庭在监狱中病死，死后还被戮尸。如此

种种的文字狱冤案，在清代不胜枚举。

　　清朝统治者认为只靠文字狱来进行思想控制是不够的，并不能从根本上束缚人心，重要的还是要用中国传统的文化思想来麻痹人民，于是清王朝统治者很快就想到了程朱理学这个思想统治的工具。康熙皇帝曾经在《四书讲义序》中说："万世道统之传，即万世治统之所系也。"明确地传达出了用儒家道统、尤其是程朱理学来维护其统治的意图。清代统治者把理学作为统治人民思想的工具，主要的就是依照明代的旧制，继续推行八股取士的制度。清王朝的统治维持了两百多年，与其推行的这种文化政策有十分密切的关系。

　　清初采用的八股文形式与明代基本相同。此时的八股文已经走到了颓废的边缘。到了康熙初年之后，清代的八股文从法定体制到

各种形式及作者的文风，逐渐形成了清代八股文的风格。与明代八股文相比，有一些不同点。

从顺治二年开始，开始规定八股文的字数，规定每篇不得超过五百五十个字。这主要是出于考试时间的需要。当时考秀才、举人和进士一般都是第一天进场，第二天才出来。考试时间非常长，如果不限制字数，写的文章太长，考官阅卷时会有很大困难，所以一定要严格限制字数，上限和下限都有规定；康熙二十年，又增加到六百五十字；乾隆四十三年，明确规定乡试、会试文字数为七百（文章在三百字以上，七百字以下），字数相对比较自由。这一字数限制，一直到八股文废除时，还在执行着。另外，明代的八股文在文章结束以后，作者都会有一段总结性的语句，来表达作者的观点，称之为大结，清代的八股文则没有大

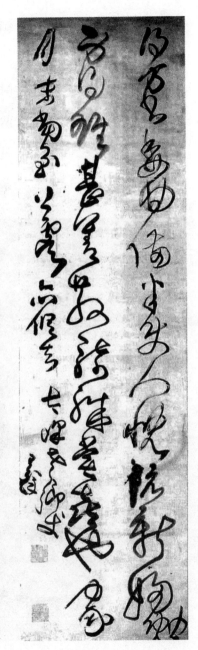

结。

清代的科举考试，明确规定了出题时各书的次序。顺治二年就明确规定有两种情况，第一种首题是《论语》、次题是《中庸》、三题是《孟子》；第二种首题是《大学》、次题是《论语》、三题是《孟子》，科举考试的官员，都要按照这个规定出题，不能违反，而在明朝则没有明确的规定。另外，在清代的科举考试中，有时候可以用"不吉祥"的字眼命题。因为四书中有很多"不吉祥"的话，但是，这种允许是相对的，如果太不避讳，容易招致杀身之

祸，如文字狱冤案等。

明代的八股文名家很多，但是没有收录八股文的专书，清代乾隆初期，桐城派散文大家方苞奉旨编定了《钦定四书文》，后来收到《四库全书》中，这在明代是没有的。清代的八股文还有一个特点就是要"磨勘"。所谓"磨勘"，就是前面第一章所说过的，"磨勘官"要仔细检查每一张八股文试卷，看字的笔画是否正确，语法通不通，文章用的典故有没有错，有没有避皇帝的名讳，有没有避"丘、轲、熹"字，最后还要看是否入口气。如果违反上述规定，就叫做"磨勘"，出现"磨勘"的文章，一定会被淘汰，由此可见清代八股考试的苛刻。

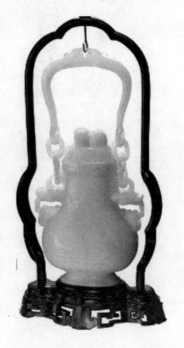

清代的八股文在康熙、雍正、乾隆期间发展得比较好，出现了一些八股文写得好的作者，这和当时的社会风气有关。康熙、雍正和乾隆时期都反对科举考试中浮夸的文风，康熙皇帝推行质朴的文

风，雍正则要求八股文要"清真雅正，理法兼备"，清代朝廷的这些干预，对当时的八股文风有很大的影响。

清代的八股文发展到中后期，由于八股文题大多已经作尽，要想作出新意很困难，所以抄袭之风盛行，此时所作的八股文文辞空洞、枯燥乏味，没有任何独特的见解，八股文正一步步走向衰落。到了清朝末年，科举制度的弊端渐渐暴露，受到广大文人志士的强烈攻击，随着科举制度的废除，八股文也从历史舞台上消亡了。

八股文在清代科举考试中存在了两百多年，对清代社会人们的思想、教育和政治都产生了极大的影响。首先，在思想方面，八股文迫使清代的文人不得不潜心研读儒家经典，这一方面有利于古代文化经典的传承，但另一方面也限制了知识分子的视野，不利于创造力的形成。其次，在教育方面，参加科举考试的考生，一般都是从小就接受私塾教育，开始诵读四书五经，开始学作八股文，所以有利于文化的普及和传承。最后，在政治方面，八股取士有效地钳制了文人的思想，巩固了清王朝的统治。

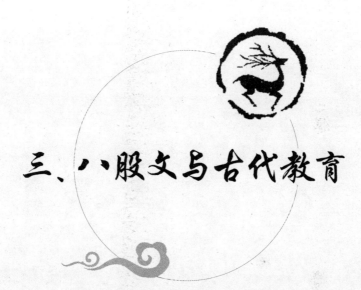

三、八股文与古代教育

（一）八股文与科举考试

八股文是明清时期用于科举考试的一种特殊的文章样式，从隋唐开始的科举考试到明清时期的八股取士有一个发展演变的过程。

中国进入封建社会以后，国家制度越来越完善，包括军事制度、法律制度、经济制度等，统治阶级为了维护自己的统

治，当然也不能忽略了选拔人才的制度。只有选拔出忠实于统治阶级的人才，让他们在国家的各个机构中发挥作用，国家才能顺利地发展，才能长治久安，所以，如何选拔出对国家有用的人才对一个国家的发展非常重要，中国历代王朝都把选拔人才问题放在首要的位置上。

中国不同的朝代，选拔人才的方式也不同。先秦时期，形成了一个个诸侯国，各诸侯之间为了掠夺土地和财产，不断地发生混战。这时候的主要人才是一些谋臣和策士，一般是由别人推举或者自荐，凭借自身的才能而被重用，当时诸侯之间的竞争，也包括对人才的竞争。特别是战国时期，养士之风盛行。所谓养士，就是达官贵人平时在家里养很多有才能的门客，等到大事来临的时候，这些人会为养他们的人出谋献策。最具有代表性的是战国四公子，据说他们家里养的门客达千人之多。两汉时期选拔人才，主要是通过察举和征辟两种方式。当时很重视人的品行，尤其是孝和廉，如果一个人对父母孝顺，公正廉明，国家的大臣和地方的官吏经过考察以后就会向朝廷推荐，因此也称为"举孝廉"。征辟是高级官员征辟属员并向中央推荐人才的方法，这种用人制度很容易出现"任人唯亲"的状况，形成"朋党"，所以东汉时期不断出现朋党之争。魏晋南北朝时期，实行九品中正制，选拔人才的标准主要是看门第的高低，形成了"上品无寒门，下品无士族"的局面。

隋唐以后，开始实行通过科举考试选拔人才的制度，即科举制。科举制相

对于察举制和九品中正制来说，虽然也存在各种弊端，但是更加公平合理，是时代的一种进步。

隋朝的科举考试主要考策论，根据所给的题目写出议论性的文字。到了唐代，考试的科目增多，其中以明经和进士两科为主。明经考试从四书五经中出题，进士则是考诗赋，所以当时进士科更受到重视。

八股文作为科举考试中的一种文体，可以上溯到宋朝的"经义取士"。王安石变法时建议宋神宗复古兴学，让士人读经，改唐代的诗赋取士为经义文章取士，即用文章解释儒家经典义理，以文章的优劣决定考生是否被录取。目的是为了统治阶级选拔有用的人才，但是另一方面又阻碍了人才的选拔，王安石对科举考试的变革，为明清的八股取士开辟了道路。

八股文作为科举考试的一种文章样式是出现在明清时期，由于八股文与科举考试关系非常密切，所以要了解八股文，先要简单地了解一下明清时期的科举考试制度，现在列出一个表格如下：

	院试	乡试 (秋闱)	会试 (春闱)	殿试
考场	学政巡回案临考场（府、县）	京城和各省城贡院 (省城)	京城贡院（礼部）	皇宫（宫殿）
主考人	各省学政	中央政府特派官员	钦差大臣	皇帝
参加者	童生 (儒生)	生员及监生	举人	贡士
中者名称	生员 (秀才)	举人	贡士	进士
日期	三年之内两次	子、卯、午、酉年八月，桂榜	乡试次年三月，杏榜	会试同年四月，金榜
第一名	案首	解元	会元	状元
第二名				榜眼
第三名				探花

明清时期，一般把八股文叫做"敲门砖"，用它来敲开科举考试的大门，一旦考中了，就可以丢掉，八股文只是一个工具而已。八股文虽然不是明清科举考

试的唯一内容，但却是主要内容，上面列

出的每一场考试几乎都得写八股文，所

以考生要在科举考试中一举成名，必须

从小研读四书五经，学写八股文，因为科

举考试与八股文的写作是分不开的。

任何一种考试制度都是绝对公平与

相对公平的统一，八股取士制度也是这

样。八股取士为士人们提供了一个公平

的获取功名的机会，他们可以凭借寒窗苦

读实现自己的仕途理想。即使出身寒门，只要在科举考试中金榜题名，就会从此跻身上层社会。值得一提的是，明清科举考试中的八股文题目都很难，要做好就更难了，也正因为如此，才发挥了它的选拔功能，由此观之，八股取士制度在选拔人才上是公平的，有利于为国家选拔出有能力、有才智的人才。但是，八股取士也存在着很多不公平的情况。有些人不但学问好，而且八股文也写得很好，但是在科举考试中却屡试不中。科举考试中的幸运者，在年少的时候就很顺利地考中，每一级考试都很容易就通过。而倒霉的人就是一直在努力，也考不中，有的人甚至考了几十年，等到老了还是一个秀才，这种情况在明清时期很常见。造成这种现象的原因很多，但主要还是与作八股文有关。阅卷官员的水平不同，喜好也不同，评判的标准也不一样，可能一个考生的八股文写得很好，但是阅卷官员不

喜欢，那么这个考生就会名落孙山，因为考生的命运完全由这篇八股文决定，所以有"文章虽好，难入试官眼""临考一时运"的说法，因为考中与否并不是完全由文章的好坏决定的，这也是八股取士得人才而又失人才的原因。

明清科举考试中经常出现科场案。明清时期的科举考试制度非常严格，如果考生作弊、考官营私舞弊，或者八股文的题目出了问题，都要受到严厉的惩罚。清咸丰时期，河南学政俞樾，从《论语》中出了一个截搭题："君夫人，阳货欲。"当时咸丰的皇妃那拉氏因为生了皇子载淳而被咸丰帝宠爱，大肆地招揽钱财。这个题目被认为是对那拉氏的讽刺，俞樾因此被革职查办，这就是因八股文题目而导致的祸害，所以后来关于八股文存废问题的争议，与它被用于科举考试是有直接相关的。

（二）八股文与学校教育

中国历来重视学校教育，明清时期的学校教育已经很发达，实行科举制度以后，学校也随之进一步发展。明清时期的学校，中央开办有国子监，即太学或者国子学。国子监里的学官有祭酒、司业、监承、博士、助教、学正等等，国子监监生主要是由地方选送来的举人、生员或

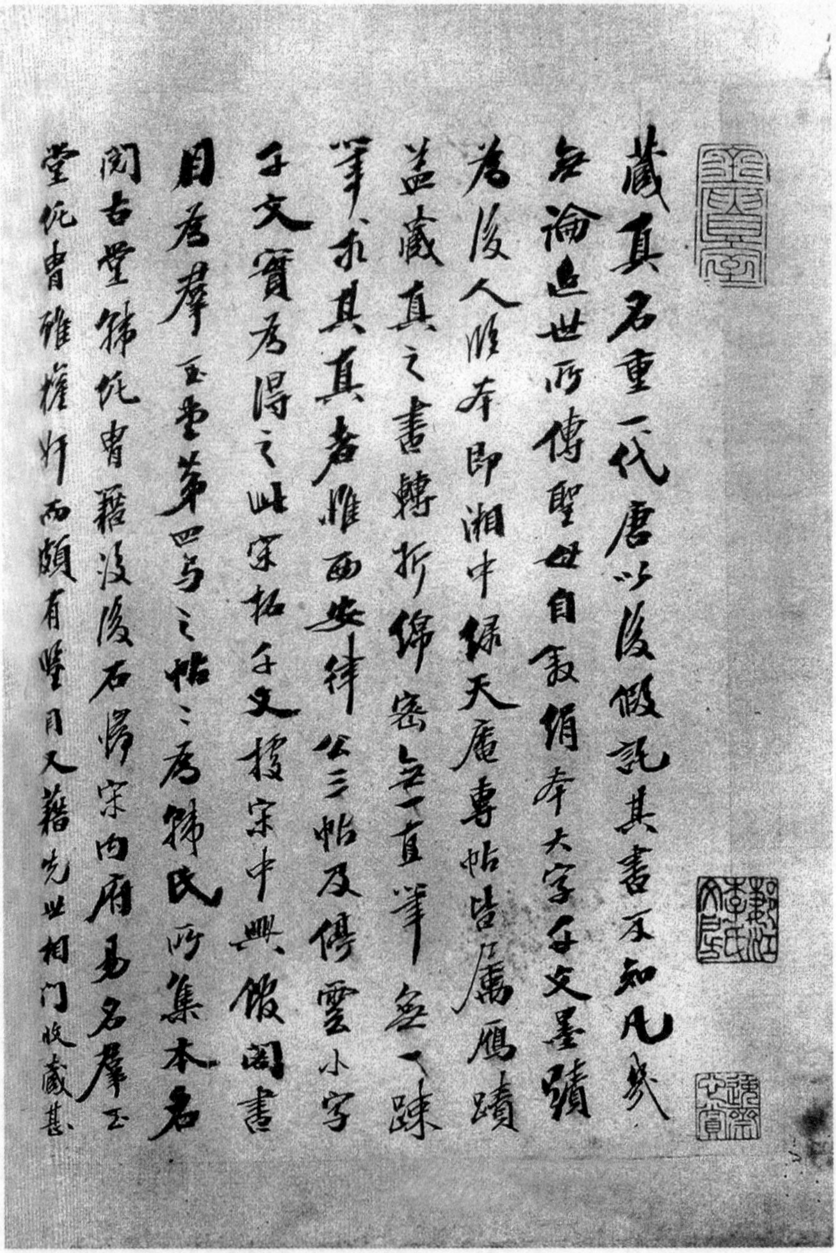

藏真石重一代唐以後假託其書不知凡幾

無論近世所傳聖母自敘真蹟奔大字千文墨蹟

皆後人摹仿即湘中綠天庵專帖皆屬贗蹟

蓋藏真之書轉折偏旁無一直筆無一踈

筆求其真者雅西安碑公三帖及傳雲小字

千文寶為得之此宋拓千文授宋中興假閟書

目者摩至重筆四寫之帖三為歸氏所集本名

閟古堂拂佖曹藉没後石歸宋內府易名摹玉

堂佖曹雖權奸而頗有鑒目入藉先生相門收藏甚

者前科会试时失利的人，有的人也可以花钱买一个监生的头衔。地方设有府、州、县学，府设教授、州设学正、县设教谕等学官。所以，明清的各级官办学校都设有学官，负责处理学校教育的各种事项。另外，在全国的乡间、农村最普遍的则是私塾，教师多是一些没有中举的秀才，对民间的子弟进行初级教育。乡间还有一种含有"公"的成分的私塾，叫社学，是由几十户人家合办的。私塾和社学中的学生叫童生，童生中优秀的学子可以向上考府、州、县学。

明清时期的各级学校教育，为了应对科举考试，都把学作八股文作为最重要的内容。学作八股文从启蒙教育阶段就已经开始了，首先是识字，先读识字课本"三、百、千"，即《三字经》

《百家姓》《千字文》，还有《神童诗》等。这些识字课本的特点是句子整齐，读起来朗朗上口，儿童经过一段时间的熟读以后，基本上已经能够记住其中的字了，通过熟读达到了记忆的目的。识字教育以后是读书教育阶段，要大声地朗读，同时分清四声。朗读的内容主要是四书五经，先读其中的哪一本没有严格的规定，但是《孟子》一般都后读。朗读之后要求背诵，要把这些书的内容及其所带的朱熹等的注释都熟记于心，这是基本功，是学

写八股文的基础之一。

　　明清的书塾学堂在正式写八股文之前，还对学生进行对对子的练习，这也是为学作八股文做准备，因为八股文中的文字是要求对偶的。对对子，古代也叫属对，词性和字数都要相对，而且还有一套规定："云对雨，雪对风。临照对晴空，来鸿对去雁……"（《声律启蒙》）等等。儿童先从字、词练起，一直到练习句子，字数也是由少到多的。对对子不仅是对格律和对仗的训练，也是一种培养学生修辞、语法等能力的训练方式，经过这样的练习，学生掌握了一定的对偶技巧，学写八股文句就有了基础了。明清学校的初级教育中，还有一种叫做"猜诗谜"的练习，可以加深学生对诗文中语句的理解，对学习八股文中的"破题"很有帮助。八股文要写得好，练习毛笔字也是基本功之一。为了在科举考试中有出众的表现，不仅要学写大楷和小楷，还要学写有一定艺

术水准的字，当时的翰林馆阁体字就是学生学写的主要对象。

有了以上这些基本功的练习，就要开讲四书了，教师主要讲解朱熹对四书的注释。然后，学生还要大量地阅读八股文选、背诵好的八股文章。明清时期有各种八股文集和选集供学习者阅读和参考，其中最著名的就是前面提到过的清代方苞编选的《钦定四书文》，是各级学校的必读书，便于学生学写八股文时模仿和借鉴。

讲完四书以后，学生就开始进行学写八股文的训练了，一般先学写"破题"，然后是"承题""起讲"等部分，一直到写成完整形式的八股文文章，叫做"完篇"，才算学会写八股文了。关于学写八股文的过程，蔡元培先生在《我在教育界的经验》中曾经提到过："八股文的

作法，先作破题，共两句，把题目的大意说一说。破题作得及格了，乃试作承题，约四五句。承题作得合格，乃试作起讲，大约十余句。起讲作得合格了，乃作全篇。全篇的作法，是起讲后，先作领题，其后分作八股。每两股都是相对的。最后作一结论。由简而繁，乃是一种学问的方法。"于此可见，学写八股文是由浅入深，由简而繁的过程。学生学会写八股文以后，如果想写好并在科举考试中成名，那么还要自己写大量的八股文，反复地练习。学生写的时候要严肃认真，写一篇文章往往要修改多次才能最终完成。教师讲授时更是严谨认真。

明清时期，不仅初级学校重视八股文的写作，地方的府、州、县和太学都把八股文作

为学校学习的主要内容。在最高学府——国子监中，经常进行八股文考试，除了日常的学习以外，每个月至少有两次的八股文考试，对八股文的重视程度由此可见一斑，其他学校自然更不必说了。

（三）八股文教授方式的特征

要学会八股文一般都需要接受长期的训练。为了让学生能够尽快地学会写八股文，应对科举考试，学校和家庭中的教育者采取各种方式来教授学生，它使得八股文教育具有很多特征。

首先，八股文教育的特征，正如前面所说的，重视学生的诵读教育。四书，即《论语》《大学》《中庸》《孟子》，五经，即《诗经》《礼记》《周易》《尚书》《春秋》，这些书都是学写八股文的学生必须读的。这里的"读"要求要高声地朗读，在读的过程中要能够分清句读，发音标准。初学者一般都是老师先领读，然后学生跟着读，最后学生自己一遍一遍地读，达到熟读成诵的程度。电影里私塾中的老先生给人的印象一般都是手里拿着一本经书，闭着眼睛，摇着脑袋十分投入地教学生诵读经书。很多聪明的学生，熟读几遍之后，便能很快地背诵出来，背诵时候的语速也很快，可以说是倒背如流了。不太聪明的孩子，可能要花更多的时间和努力才能达到这种程度。对学生的诵读训练是符合儿童记忆力发展的特点的，人在儿童时期强化记忆的能

力是最强的。虽然对所读的内容没有透彻的理解，但是只要反复地熟读，最后基本上都能把内容背诵下来。当然，学生能够背诵大量的古书，还有一个原因，那就是汉字本身的发音特点有利于背诵。汉字是单音节、四声语调的，所以只要高声的朗读，即使读几十遍、上百遍也不会感到厌烦，而是越读越有节奏感，这也有利于记忆和背诵。中国古人强调"温故而知新"，重视温习的重要性，所以已经背诵下来的古书，还要经常温习，巩固记忆。

这种学习的方法也是很有道理的，我们都知道，人对东西的记忆和遗忘是有规律的，往往一些东西背诵得快，忘得也快。要想把第一次记住的东西长时间地留在记忆里，必须要有计划地复习。这样，既为学生背诵大量的古书提供了保证，又锻炼了学生的记忆能力。明清时期的学子，除了要熟读背诵四书五经之外，还要熟读很多八股文集、背诵一些当时

有名的八股文章和唐宋的古文等等，只有这样才能为写好八股文做好准备。

其次，明清时代的八股文教育强调先记忆，然后在记忆的基础上理解。这是由中国古代经典书籍的特点和儿童记忆力特点决定的。中国古代的经典大多是微言大义的，学生在儿童阶段要想深入理解、掌握其中的意思是很困难的。儿童阶段人的理解能力还不强，但是记忆能力却很强，所以应该利用这个特点，先把古书熟读成诵，然后在此基础上慢慢地理解。另外，中国还有一句古话："书读百遍，其义自现"，在对古书进行反复的熟读和背诵记忆的过程中，书中的内容自然而然就理解了，比刻意的理解效果更好。除了熟读四书五经以外，还要读很多的八股文范文，这些八股文章为学子们提供了模板，他们只有在对名家所作八股文章认真研读的基础上，才开始自己写作八股文。

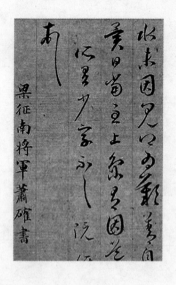

敬齋箴
正其衣冠尊其瞻視潛心以居對越上帝足容必重手容必恭擇地而蹈折旋蟻封出門如賓承事如祭戰戰競競固敢或易守口如缾防意如城洞洞屬屬無敢或輕不東以西不南以北當事而存靡它其適弗貳以二弗參以三惟心

再次，如前面已经说过的，八股文教育重视儿童启蒙阶段的基础教育，如对对子、猜诗谜等。八股文中的八股，又称为八比，因为八股必须是对偶的。而要能写出对偶的句子来，必须先从字、词开始练起，要先对每个字的字义和发音变化有所掌握。这样做有很多好处，既可以锻炼学生组织语言、运用语言的能力，正确地辨别字音，又引导学生逐步地学写长的对偶句，为写八股文打下基础。对对子是明清时期私塾学堂每天必练的内容，一般都是在放学之前练习。学生在先生的看管下读了一天的书，难免会有疲倦之感。在这个时候对对子，促使他们开动脑筋积极思考，激发了他们的兴趣，学习的效果很明显。可以说，对对子是最简单的写作教学。八股文教育还非常重视书写教育。儿童一般从小就由家长或者教师把笔描红，后来自己临摹名家字体、碑帖，写大楷和小楷。一个人读多少年书就练多少年的字，坚持不懈，从不间断。因为字体的好坏也是决定科举考试成败的因素之一，即使考上了秀才、中了举，也要每天坚持练字，因为后面的会试、殿试中还是要看字的，只有字写得好，才能最终考中状元，这是每个读书人的最高人生理想。殿试的考试试卷是白折子，考生要在上面写半寸见方的恭楷，字体要求"欧体赵面"，即有北宋书法大家欧阳询字体的遒劲风骨，又要有赵孟頫字体外形的妩媚，所以，这种字体又叫"翰林馆阁体"。只有把这种字写好，才能有点翰林的希望，所以又叫"翰林字"，这是当时最符合标准的字体。

明清时代的八股文教育中只教授写作八股文，不教授写作其他类型的文章，也不让学生学写其他文章。每一个读书人，不管以后能不能考中，无论以后做什么，向什么方向发展，都只能写八股文。最后，八股文的教育还有读书与看书，看正式书与看闲书的区别。这里所说的读书是指读四书五经等，大声地诵读。看书是指一般性的阅读，相当于现在的课外读物。学堂里的儿童在熟读完四书五经以后，有时候教师会指定他们读一些课外书籍，如《资治通鉴》等。当时的学校教育不提倡读"闲书"，这主要是指小

宣威沙漠驰誉丹青九州
禹跳百都秦并嶽宗恒岱
禅主云亭鹰门紫塞雞田

说、戏剧而言。但是当时的学生具备了一定的阅读水平以后，总是想要看一些其他的书，如四大名著、《西厢记》等。

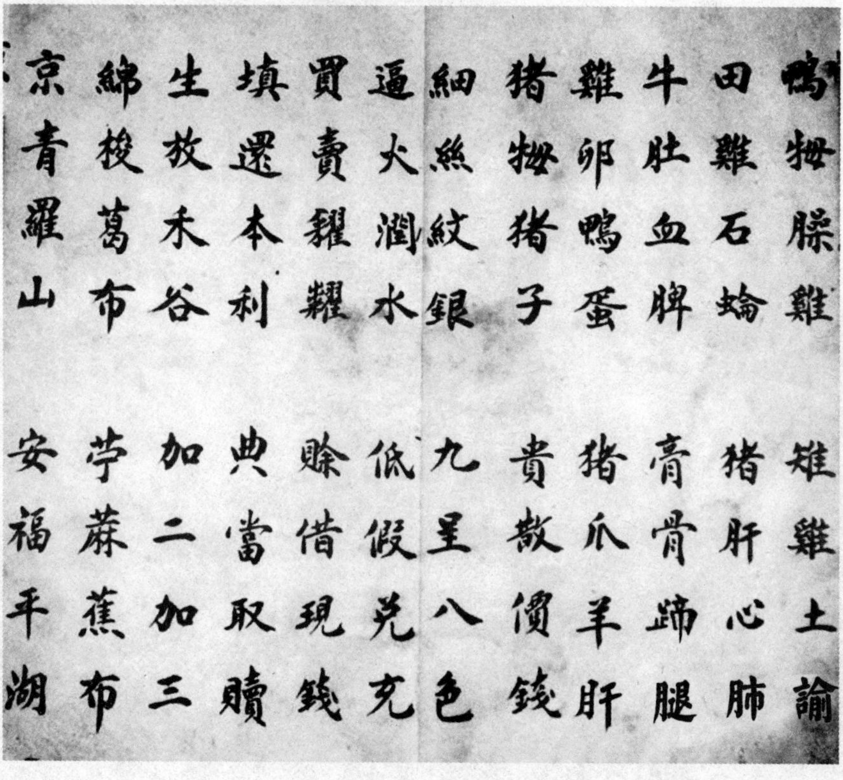

鴨虮臊雞　雄雞土諭
田雞石蟶　猪肝心肺
牛肚血脾　膏骨蹄腿
雞卵鴨蛋　猪爪羊肝
猪物猪子　貴散價錢
細絲紋銀　九星八色
逼火潤水　低假兌充
買賣糶糴　賒借現錢
填還本谷　典當取贖
生放禾谷　加二加三
綿梭葛萬布　苧蔴蕉布
京青羅山　安福平湖

四、对八股文的批判

（一）明代文人学者对八股文的批判

八股文在明清两代延续了五百多年，这种文体的弊端从它产生之初就已经暴露出来了。八股文束缚了文人的思想，浪费了他们的青春时光，使当时的文坛死气沉沉，社会思想缺少生气和活力，使国家的发展滞后。因此，明清的文人学者从没有停止过对它的批判。

在明代，八股文刚刚产生并用于科举考试当中时，明代文人对八股文和八股取士的批判不像清代那么激烈和彻底。甚至像李贽这样进步的思想家，不但不批判八股文，还从革新文体的角度对八股文给予了充分的肯定。李贽把当时的"举子业"，即八股文，与《西厢记》《水浒传》相比较，认为八股文是"古今至文"中的一种。当时文坛上比较进步的一些流派，如唐宋派、公安派、竟陵派的作家诗人也都大肆宣扬八股文的好处。为什么会出现这种情况呢？究其原因，一是八股文也是一种"载道"的工具，它作为科举考试的一种文体，在宋明理学仍然在思想领域占据统治地位的情况下，还是能够得以发展的；另外，八

股文是从明代开始的，历史不算长，八股文的种种弊端虽然已经开始暴露了，但是还没有发展到很严重的程度，所以并没有成为当时文人严厉批评的目标。

虽然如此，明代八股文的弊端还是显而易见的，所以对它进行批判的人也很多。其中抨击最猛烈、最具有代表性的就是提倡"诗必盛唐，文必秦汉"的前后七子。前后七子从明朝中叶开始活跃于文坛，长达百余年之久，是当时最大的一个文学流派。前七子以李梦阳、何景明为代表，嘉靖、万历年间出现的后七子，则以李攀龙、王世贞为首。

因为前后七子的文学主张和创作实践都有鲜明的复古色彩，所以受到当时一些进步学者的反对。前后七子的复古主张，是针对当时文坛受理学风气和台阁体创作影

响所形成的萎靡不振的文学局面而提出的，在某种程度上具有重寻文学出路的意义，是想借助复古的手段从而达到变革的目的，尽管存在很多缺点，但是其出发点还是值得肯定的。前后七子对八股文的批评，主要是从文体的角度出发的，其中批评最激烈的是王世贞。他曾说："甫离即从事学官，顾其所学，仅科举章程之业，一旦取甲第，遂厌弃其事。至鸣玉登金、据木天藜火之地者，叩之，自一、二经史外，不复知有何书，所载为何物，语令人愦愦气塞。"王世贞认为学习八股文，耗费了学生太多的精力，但是除了用

于科举考试外，没有任何实质的用处，那些在科举考试中考中的人，也未必都有真才实学，所以他坚决反对八股文，前后七子也都持这种观

点。

到了明末清初,批判八股文的文人越来越多,在社会上逐渐形成了风气。这个时候对八股文和八股取士批判最激烈的是顾炎武和王夫之。顾炎武是明末清初著名的爱国主义文人,原名绛,明朝灭亡后改名为炎武,字宁人,学者称他为亭林先生,江苏昆山人。明朝末年曾经参加复社,清兵入关以后,他在江南积极参与抗清活动,失败后流亡北方,曾考察山川,拜访豪杰,想要恢复明朝,晚年卒于陕西华阴。顾炎武关心国计民生,忧国忧民,这种精神也突出表现在他的文学主张上。他在文学方面提倡"文须有益于天下",所以非常反对呆板枯燥的八股文。他曾在他的《日知录》中谈到:"文不可绝

于天地间者，曰明道也，纪政事也，察民隐也，乐道人之善也。若此者，有益于天下，有益于将来，多一篇之益矣。若夫怪力乱神之事，无稽之言，剿袭之说，谀佞之文，若此者，有损于己，无益于人，多一篇之损矣。"他在文章中所说的"无稽之言，剿袭之说，谀佞之文"就是指八股文一类空疏乏味、脱离实际的文章。顾炎武认为八股文对文人、国家和社会的危害比秦始皇的焚书坑儒还严重，他在《日知录·科举》中就明确指出："八股之害，甚于焚书，而败坏人才，有甚于咸阳之郊所坑者。"

同时，他在《顾亭林诗文集》中，从读书培养人才的角度出发，对八股文的危害做了更加具体的分析，他认为，当时的读书人为了考取功名，从儿童时期就学写八股文，有的

人甚至要学到白头，他们整天在书房中苦读圣人的经典，而对天下的大事则一无所知，真的是"两耳不闻窗外事，一心只读圣贤书"。这不仅消磨了大量的时光，最后的结果竟是"士不成士，官不成官，兵不成兵，将不成将"，国家虚弱不堪，也给了外敌可乘之机。因而顾炎武提出要用经史和当世之务取代八股文，改变八股取士制度。

明末清初另一位对八股文持批判态度的思想家是王夫之。王夫之是著名的唯物主义思想家，字而农，湖南衡阳人。他是明崇祯时期的举人，曾跟随永历桂王举兵抗清，南明灭亡后隐居山林，埋头著书，他精通经学、史学和文学，在学问方面贡献很大，学者都称他船山先生。王夫之对八股文进行过深入的研究，还写有关于八股

文的专著——《夕堂永日绪论外编》。王夫之在文中深刻地揭露了八股取士的荒谬，他举例说，有的人在写八股文章时，把《论语》中的"战战兢兢，如履薄冰"写成"冰兢"，还有的人把《尚书》中的"念终始典于学"写成"念典"，这些事例都说明了当时科举考试中写作八股文的人孤陋寡闻、思想僵化和视野狭窄，这种考试的结果只能是他所说的"士皆束书不观，无可见长，则以撮弄字句为巧，娇吟謇吃，耻笑俱忘"。由此可见，王夫之对八股文的批判和揭露是相当深刻的。

（二）清代文人学者对八股文的批判

清代继承了明代的考试制度，继续采用八股文进行科举考试。八股

文发展到清代，其弊端已经完全暴露出来。因此，清代对于八股取士制度的存废问题一直存有争议，清代进步的文人学者也没有不反对八股取士制度的。

清康熙初年，就开始出现了关于八股文存废的争议。康熙皇帝玄烨继位不久，就下令取消八股取士制度，他认为八股文章的内容和当时的政事没有任何关系，而且八股文华丽浮靡，所以下令停止使用，只用对国家和百姓有益的策论、表、判进行考试。此后的科举考试都没有用八股文，但是，八股文和八股取士作为一种封建统治者统治人民的工具，其作用是不容忽视的，因为它对巩固封建王朝的统治非常有利，所以康熙八年又恢

复了八股取士制度。乾隆九年，当时的兵部侍郎舒赫德提出取消八股考试。舒赫德是满洲正白旗人，是满族大臣中比较有作为的。他认为清朝的科举考试，只凭一篇八股文章就决定考生是否被录取，并不是一个好办法，况且八股取士的弊端已经越来越明显，在考试中侥幸考中的人越来越多。而清代的八股文，都是一些空洞的言谈，对以后为官等都没有用处，并且清代写作八股文时抄袭成风，看不到真才实学。所以舒赫德提出应当废除八股取士制度，再另想其他的选拔人才的办法。舒赫德的看法是很符合当时实际的，但是他的上书却遭到了顽固派的坚决反对，使得八股取士制度在清代中后期一直得以沿用。

清代的进步学者黄宗羲、颜元、戴震等，也有很多批评八股

今年惡喬相過皆閒談諧語雖復不惡而靜

坐論文亙若有所缺耳

兄天資高邁學業勇往正在今日切願不以

塵務干懷眼鏡完上前者聊以為戲而

兄乃云必有所償安得此流俗之論乎少有所

煩前見架上歐陽文忠公集紙校新亮而弟之

新藏乃古本也欲租易一首今以二十冊奉上在

架上者幸馻來命進數月又可轉換也

道濟道兄

弟蓉頓首

文的言论，其中批判最彻底的是颜元。颜元是清代著名的思想家、教育家。据说他从小就厌恶八股文，他19岁时考中秀才，但是到21岁时就不再学习八股文了，专门从事学术研究。颜元认为治学之道在于实学、实习，重在一个"实"字。他进一步发挥了顾炎武对八股文的批判，对当时的八股取士制度进行了彻底的否定。他说："八股行天下而天下无学术，无学术则无政事，无政事则无治功，无治功则无升平矣。故八股之害，甚于焚坑。"他认为八股取士是国家得不到发展的根源，它的危害比秦始皇的焚书坑儒还要严重，这与顾炎武的观点是完全一致的。

1840年，鸦片战争爆发以后，帝国主义用洋枪洋炮打开了清王朝的大门。中国社会面临着内忧外患的局面，随着民族危机、封建统

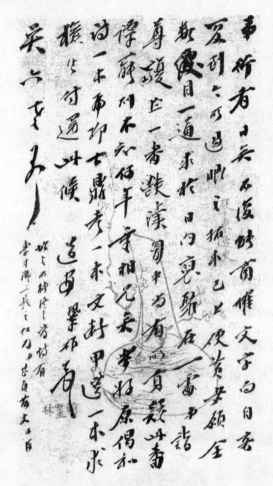

治危机的日益加深，无数的仁人志士开始睁开眼睛看世界，关注社会政治，积极探索救国救民的道路，因而要求取消八股文的呼声也越来越高。较早提出改革八股取士制度的是著名的爱国主义思想家、文学家龚自珍。龚自珍，浙江仁和人，道光九年中进士。在学术上，龚自珍主张"经世致用"，他的诗文大胆地揭露清王朝统治的腐朽本质及其必然没落的命运，呼吁变革。因为他参加过八股考试，还在八股文上花费了很多精力，深受其害，所以他强烈地要求改革八股取士制度，后来还烧掉了他生平所写的一切八股文章，与八股文彻底决裂。

中日甲午战争以后，西方文化不断地

传入中国，很多文人学者提出了运用西方
的政治、经济、文化制度来改良中国，这
一时期最著名的改良运动是由康有为和
梁启超发起的"戊戌变法"，又称"百日
维新"。"戊戌变法"的主要内容之一就
是在中国开办洋学堂，废科举，取消八股
取士制度。康有为在《清废八股试帖楷
法试士改用策论折》中，明确提出了取消
八股取士的主张，深刻地揭露了八股文
的种种弊端。他指出，改革变法的道路有

很多，而最重要的是要先有人才。获得人才的方法也很多，最重要的是要先改革科举制度。因为当时还没有开办新式学校，所以应该先废除八股文。他还谈到了八股文的危害，读书人为了写作八股文，不看任何其他书籍，只读四书五经，不做任何其他学问，只是学写八股文。中国几千年的学问被废弃，且不闻不问。读书人认为只要做好八股文，就可以前途无忧，而这些人多数是没有真才实学的"庸才"，有些"庸才"甚至不知道司马迁、范仲淹是哪个朝代的人，如果你问他们亚洲、欧洲、美洲的事情，他们根本就不知道你在说什么，这些通过八股取士而被选出来的"人才"，竟然闭塞、孤陋寡闻到如此程度。康有为认为，当时的清王朝之所以腐败没落，八股取士制度要负很大的责任。康有为等维新派废除八股文的主张对后来八股文的废除起到了重要的作用。

石阑科點筆
桐葉坐題詩

在清代，文人学者对八股取士制度的否定和批判还体现在意识形态的各个方面，尤其在小说中表现得最为突出。清代很多优秀小说，如《儒林外史》《聊斋志异》《红楼梦》《镜花缘》等都对明清的八股文进行了猛烈地批判和讽刺。其中，《儒林外史》和《聊斋志异》中表现得最为鲜明。

吴敬梓的《儒林外史》是我国古代讽刺文学中最杰出的代表作。小说以清代中叶知识分子的生活和精神状态为题

材，对封建八股取士制度下知识分子的命运进行了深刻地思考和探索，对科举制度和八股取士的荒谬腐朽进行了辛辣地讽刺和揭露。小说开篇第一回，就借王冕的故事隐约地概

括了整部小说的主旨，即痛斥科举制度使知识分子一味地追逐功名富贵，从而"把那文行出处都看轻了"，这里的"文行出处"是指知识、德行、出仕、退隐的修养。

小说通过周进、范进的悲喜剧辛辣地讽刺了八股取士是如何把人弄得神魂颠倒的。这种制度并不能选拔出真正的人才，周进、范进在科举考试中的失败和成功都是偶然因素造成的。他们把自己毕生的精力乃至生命都投入到八股取

士中，结果却把自己弄得精神空虚，知识贫乏，范进当了主考官以后，竟然连宋代的大文豪苏轼都不知道，这是多么荒唐可笑。同时，小说还着力描写周进、范进命运转变过程中周围人对他们的不同态度，深刻地揭示了八股取士制度对社会各阶层人物的毒害以及造成的乌烟瘴气的社会风气。在这样的社会环境里，人性也发生了扭曲和蜕变。小说的第五回就描写了人物匡人超是如何从一个淳朴的青年而堕落成无耻的势力小人的。

因为科举考试是取得功名的唯一途径，所以少数幸运者一旦夺得功名，就会肆无忌惮地攫取财富、压榨百姓。他们当官以后，大多数是贪官污吏，如果在乡里就是土豪劣绅，八股取士制度实际上成

了社会腐败的根源,《儒林外史》中的王惠、严贡生就是这样的人物。小说还借助王仁、王德这一对难兄难弟之口,充分揭露这些"代圣人立言"的道学儒生的虚伪。

《儒林外史》写了八股取士制度下知识分子是如何把生命耗费在毫无价值的八股制度上,以致变得才华枯竭、丧失独立人格和人生价值,这实际上是对明清八股取士制度的强烈控诉。

清代文学家蒲松龄的短篇小说集《聊斋志异》虽然谈鬼说狐,但却贴近当时的社会现实。这部小说集的大部分文章,都是写狐鬼与书生、文人发生的事情。即便是没有发生直接的关系,也与书生、文人的生活境遇休戚相关。而与书生、文人生活关系最密切的事情

莫过于科举考试了，这可以说是蒲松龄对自己个人生活感受的抒发，这一创作特点突出表现在他小说中对科举考官昏庸的描写上。

蒲松龄19岁进学，名声很大，但在乡试中却一直没有考中，这就断绝了他获取功名的道路。饱受八股折磨的他，在一次次的失利之后，终于在自己的小说之中发泄了他的沮丧、悲哀、愤懑之情。蒲松龄认为八股取士的症结在于考官的昏庸，所以他的小说里有很多文章对科举考试中的考官进行冷嘲热讽。在《贾奉雉》一文中，有一个人，知道科举考试的弊端，劝贾奉雉效法拙劣的文章应付考试，他让贾奉雉在劣等试卷中摘取一些空洞俗套的句子，贾奉雉在考场中把这些东西写了出来，竟然中了经书试题第一

名。后来，他再读这篇文章，汗流浃背，感到"以金盆玉碗贮狗屎，真无颜出见同人"，因羞愧而隐居山林，深刻地表达了像作者一样怀才不遇的文人对科举考官的愤懑之情。

五、八股文在历史上的影响

(一) 八股文罪孽深重

八股文是一种特殊的文章样式, 在内容和形式上都有严格的规定。考试的范围也只限于四书五经, 格式上要用对偶, 遵循严格的 "八股" 形式。所以八股文从产生之初就弊端百出, 它严重束缚了读书人的思想, 选拔出的是没有任何真实才能的庸才; 八股文章流于形式主义,废话连篇，缺少实用价值；同时，八股取士荒废了无数读书人的大好时光，他们所学的东西却对国家的发展无益，这也是导致国家衰亡、文明发展滞后的非常重要的原因。所以，明清以来进步的文人学者一直没有停止对八股文的批判，清光绪二十七年正式废除八股文，改考策论，在历史上存在了五百多年的八股文走到了尽头。对于这样一种特殊的文体，今天我们有必要对它的"功"与"过"有个清醒的认识，下面先分析一下它的"罪孽"。

明清选拔人才实行的是科举制度，八股文写作是科举考试的主要内容。科举考试又是读书人成就功名、实现人生价值的主要途径，所以对于读书人来说，最重要的事情莫过于写好八股文了，因

而他们与八股文的关系最为密切，受到的影响最大，同时也是最大的受害者。

首先，由于八股取士时只从四书五经中出题，不能超出这个范围，所以读书人的读书范围也只能是四书五经等儒家经典书籍，不允许、也没有时间再去读其他方面的书籍了。四书以及朱熹的《四书章句集注》是学作八股文必须读的，此外，还有五经、唐宋八大家古文、唐诗、诗文、试帖诗等。读书人最高的追求就是通过八股取士扬名天下，所以必须在这些书上下功夫。读书人日复一日、年复一年地在书房中"皓首穷经"，希望科举时一举得中。因此要学会写八股文和写好八股文，对于这些书，不仅要熟读，而且还要倒背如流，即使很

聪明的人，要想达到这种程度也需要很长时间。当然也就没有时间再去读其他方面的书了。大多数的人一旦在科举中成功，往往热衷于官场中的争名逐利，更不会去读书了。只有少数在青年时就考中的人，又喜欢读书，才可能成为学识渊博的学者。或者还有极少数在科举中落榜的书生，对科举失望，于是潜心研究学问，读了很多书，最后成为博闻强识的大学问家，如蒲松龄、曹雪芹等，但是，这样的人如凤毛麟角。

其次，八股文章的内容浮华空洞，多是脱离实际的陈词滥调，因为读书人不能发表自己的见解，只能人云亦云，兼之抄袭成风，没有任何实用的价值。很多书生在科举中有幸被录取，但是这些人对当

时的国家政事一无所知，更不用说治国之道了。很多八股文章表面看上去写得很好，但仔细看内容都是一些空洞的废话，而科举考官一般只看形式。这也和八股文命题的了无新意有关，四书五经的内容有限，能出的题目数量也有限，五百多年里，每一章、每一节、每一句都作过题目，都被无数的士人作烂了，于是便出现了所谓截上、截下、冒上、冒下、冒上下两截，以及长或短、有情或无情截搭题等不胜枚举的命题手法，斩头去尾，语句不通，张冠李戴，乱点鸳鸯，无奇不有。于是考生也就瞎写、乱写，写出的都是空疏俗滥的东西，毫无价值可言。

再次，明清的八股取士考生没有年龄限制，多大年纪的人都可以参加。这对考生来说好像是公平的，却又使一些读书人为此浪费了一生的时间。学写八股文要从儿童时就开始，到最后完篇已经很难。如果想写好，在科举考试中一级级考上去，那更是难上加难。幸运的人，经过数十年的努力，有侥幸考中的可能。倒霉的人，读书读到白头也混不上半点功名。但是，对一些读书人来说，做官、走上仕途的诱惑太大了，即使几次几十次没考中，只要有希望，他们就会一直考下去，不会去想其他的事情，社会文化领域也是一片死气沉沉的局面。

最后，八股文对读书人的最大毒害是严重地束缚了他们的思想，扼杀了他们的想象力和创造力。八股教育的教材只是四书五经，渗透的都是传统的儒家思想，内容有限。除此之外，八股文形式上要求答题的思路也要按照规定的程序完成，不能自由地发表自己的观点和见解。文章的内容要体现儒家的思想，要用儒家的思想解释四书中的"义理"。文章中对四书的理解也有一定的标准，就是要以朱

熹的《四书章句集注》为标准，不能超出这个范围，否则就违背了要求，没有自由发挥的余地。还要入口气，站在圣人的立场上、以圣人的身份对题目进行解释和阐发。读书人长期在这种思维模式和思想模式的严格训练下，变得思维僵化，迂腐不堪，满口的"之乎者也"，呆若木鸡，一无所成。

一个国家的发展要靠人才和清廉、有才能的官吏，因为他们是国家的栋梁。通过八股取士选拔的"人才"，多数是书呆子，他们对社会政治、经济一无所知，危害也就可想而知了。而且那些所谓的朝廷官员，对内不能兴邦治国、造福百姓，对外不能抵抗外族的侵略、使百姓安居乐业。另外，很多读书人考上功名以后，觉得自己终于翻身了，于是横征暴敛、欺压百姓，

降入泥身中泥便心念甲午一旬玉女諱字

如上十真玉女悉降泥身仍叩齒六通咽液

六十過畢祝如太玄之文

甲辰之日平旦丹書拜精宮玉女右靈飛一

旬上符沐浴入室向本命六拜叩齒十二通

頓服一旬十符祝如上法畢平坐開目思拜

成为贪官污吏，国家的政治也就随之腐败，由这样的官吏治理国家，国家自然不会得到长远的发展和繁荣，只会越来越衰落。

综上所述，八股文确实罪孽深重。

（二）八股文的可取之处

八股文虽然罪孽深重，但是它能够在明清的历史舞台上活跃五百多年，不能不说是一种奇特的文化现象，也说明八股文的存在是有一定的合理性的，对此，我们要有一个冷静、客观的认识。八股文并非一无是处，也是有可取之处的。

八股文的作用首先是在社会政治思想方面。传统的儒家思想一直是几千年来中国社会的主导思想，对历代国家的统治发挥着重大的作用。明代推行八股取士制度，把儒家经典四书五经作为考试命题的范围，四书五经不仅成为当

时儿童的启蒙教材，而且是必读教材，有的人甚至一辈子都在读这几本书，以后的五百多年里一直如此。这非常有利于孔孟思想在社会上、在民众中的普及。同时，这些经典也是写好八股文的基础，要想做官，必须在科举考试中成功，要想成功，必须读好四书五经，这也无形中提高了儒家经典的地位。八股取士使传统的儒家思想在明清时期得以延续和发展，使孔孟言论更加深入人心，并成为社会上的道德准则和行为规范。既给当时的文人提供了一个安身立命的场所，又符合统治阶级的需要，有利于国家政治的安定。

八股文的作用还表现在文化教育方面。中华文化博大精深，那些传统的原始典籍是中华文化的精髓，以后的文化都是由此而生根开花的。无论哪一历史时期的人，都要读四书五经这些先秦经典，中国有"书不读秦汉以下"的说法。先秦

典籍、孔孟言论在不同的历史时期都能得到全新的阐释，而与当时的社会政治相吻合，为统治阶级服务，渗透到人们的思想深处。明清时期实行八股取士，把四书五经作为出题的范围，使孔孟思想家喻户晓，有利于文化的传承和普及。

明清时期的八股文教育，从儿童时期就开始了。学习写字、对对子，所以学生的基础教育做得特别好，为以后写作

古文、诗词歌赋都打下了良好的基础。另外，儒家经典中蕴涵着深厚的"修身、齐家、治国、平天下"的道理，学生从小耳濡目染，在他们学习的过程中逐渐建构了自己的价值体系，包括做人的准则、人生观和价值观等，传统儒家的道德观和价值取向融入到他们的思想体系之中，这相当于学校在基础教育阶段就对学生进行了德育教育。同时，学生开始学作八股文以后，每天进行破题、承题、起讲、入题和八股的练习，学生的思维被限制在题目的范围内，由于题目的范围只限制在四书五经的范围内，这就要求学生在更小的范围内发挥聪明才智，按照固定格式写出文章。在这一过程中，严格的限制思维的训练锻炼了学生思维能力的集中性、准

确性、敏锐性和辩证性。这种思维运用到学生以后的日常生活中,使他们做任何事情时都能专心致志,不分心,一丝不苟,而且有条理,不漫无边际。

八股取士的主要目的是为国家选拔人才,维护社会的安定,明清时期的八股取士制度在一定程度上达到了这一目的。"学而优则仕",把所作八股文章的好坏作为衡量人才的标准,在一定程度上为明清的政权选拔了无数的具有儒家正统思想的贡生、举人、进士,并把他们分配到从中央到地方的各级部门,使明清时期国家的政权基本稳定。通过八股取士

选拔出来的官员,长期受四书五经所宣扬的儒家传统观念的影响,忠于朝廷,他们中的不少人为了维护封建秩序,大义凛然、慷慨献身;有些人在国家和民族危亡之际,可以不顾个人安危,与国家同生死、共患难,临危不惧,视死如归,为国家和民族做出了

巨大的贡献，如明代的于谦、戚继光，清

代的林则徐等等。